Las asombrosas púas y espinas de los animales

Grace Hansen

Abdo Kids Jumbo es una subdivisión de Abdo Kids
abdobooks.com

abdobooks.com

Published by Abdo Kids, a division of ABDO, P.O. Box 398166, Minneapolis, Minnesota 55439.

Printed in China

102025

012026

Spanish Translator: Maria Puchol

Photo Credits: Alamy, BluePlanetArchive.com, Getty Images, Shutterstock

Production Contributors: Teddy Borth, Jennie Forsberg, Grace Hansen
Design Contributors: Candice Keimig, Pakou Moua

Library of Congress Control Number: 2025941966

Publisher's Cataloging-in-Publication Data

Names: Hansen, Grace, author.

Title: Las asombrosas púas y espinas de los animales/ by Grace Hansen

Other title: Different spikes & spines of animals. Spanish

Description: Minneapolis, Minnesota: Abdo Kids, 2026. | Series: Asombrosas características de los animales | Includes online resources and index.

Identifiers: ISBN 9798384908784 (lib.bdg.) | ISBN 9798384909361 (ebook)

Subjects: LCSH: Animals--Juvenile literature. | Body composition--Juvenile literature. | Spikes--Juvenile literature. | Zoology--Juvenile literature. | Spanish Language Materials--Juvenile literature.

Classification: DDC 591.1--dc23

Contenido

Animales con púas y espinas

Algunos animales tienen púas o espinas. Esta parte puntiaguda de sus cuerpos les ayuda a protegerse de sus hambrientos **depredadores**.

Roedores

Los puercoespines son roedores con pelos rígidos llamados púas. Cada puercoespín tiene alrededor de 30,000 púas. Si un **depredador** las toca, éstas se clavan en su cuerpo. ¡Es doloroso!

Mamíferos

Los erizos están casi recubiertos de espinas. Cuando tienen miedo, se convierten en una bola y lo único que los **depredadores** pueden ver y tocar son púas.

Los equidnas viven en toda Australia, Tasmania y Nueva Guinea. Tienen espinas de color beige y negro que les ayudan a esconderse entre la **maleza**. Si un **depredador** los encuentra, se convierten en una bola.

Reptiles

En Australia vive un tipo de lagarto que se llama el diablo espinoso. Están cubiertos de espinas puntiagudas. Estas afiladas espinas bastan para mantener alejados a la mayoría de sus **depredadores**.

Estos lagartos tienen pequeños **surcos** entre las espinas donde acumulan el agua del **rocío** y la lluvia. Esa agua fluye hacia la boca del lagarto para poder beberla.

Arañas

La araña tejedora espinosa tiene colores brillantes y cuerpo de forma extraña. Los colores alertan a las aves para que se mantengan alejadas. Su forma y espinas las hacen muy difíciles de comer.

Peces

Los peces erizo están cubiertos de escamas espinosas. Si se sienten amenazados, se hacen más grandes hinchando el cuerpo. Cuando se hinchan, sus espinas sobresalen.

Los peces león son conocidos por las espinas **venenosas** de sus aletas. Si se asustan, endurecen las aletas y atacan. Sus afiladas espinas pueden herir a los animales. El veneno puede causar dolor e incluso la muerte.

¡Más púas y espinas!

erizo de mar

estrella de mar corona de espinas

gusano de roble de rayas anaranjadas

insecto hoja espinosa

lagarto armadillo

mantis flor espinosa

Glosario

depredador – animal que caza otros animales para comérselos.

maleza – terreno cubierto por un espeso y denso grupo de árboles pequeños, arbustos o matas.

rocío – pequeñas gotas de agua que se acumulan por la noche en las superficies frías.

surco – apertura o corte largo y estrecho en una superficie.

venenoso – que produce un fluido tóxico llamado veneno. Fluido que es tóxico para los seres humanos y los animales.

Índice

¡Visita nuestra página **abdokids.com** para tener acceso a juegos, manualidades, videos y mucho más!

Los recursos de internet están en inglés.

Usa este código Abdo Kids

ADK6271

¡o escanea este código QR!